SÉRIE

ROUGE

Le Journal de Delphine

Monique Alcott

illustré par Kirsty Williams

CAMBRIDGE
UNIVERSITY PRESS

SÉRIE ROUGE

Published by the Press Syndicate of the University of Cambridge
The Pitt Building, Trumpington Street, Cambridge CB2 1RP
40 West 20th Street, New York, NY 10011–4211, USA
10 Stamford Road, Oakleigh, Melbourne 3166, Australia

© Cambridge University Press 1993

First published 1993

Printed in Great Britain at the University Press, Cambridge

A catalogue record for this book is available from the British Library

ISBN 0 521 44979 0

Text design by Liz Knox
Cover design by Vangelis Giasemidis
Cover photograph courtesy of Sauvane Delanoë

Acknowledgement
The poem on page 32 by Jacques Prévert is from
Paroles © Éditions Gallimard

mardi 26 novembre

Maman m'a dit : « Écris ton journal, tu seras peut-être moins agressive ! » Et toc. Bon, on va bien voir. Ça tombe bien, j'ai un cahier tout neuf.

Par où je commence ?

Je m'appelle Delphine, j'ai 15 ans et je suis fille unique. Eh bien non, ce n'est pas vrai... Je voulais juste écrire « Je suis fille unique » juste pour voir comment ça fait. Allez, je rêve !

Alors je recommence : je suis bien Delphine. J'ai 14 ans, pas 15 et j'ai un frère, Julien. Il a 11 ans. Maman l'appelle Ju-ju. Elle met les lèvres en avant, et on dirait qu'elle va lui donner un baiser à chaque fois qu'elle dit Ju-ju. Ça m'énerve, mais ça m'énerve !

Ma mère s'appelle Catherine, mon père Jean-Denis. Et puis j'ai aussi plein de grands-parents : 2 grands-mères et un grand-père. Mémée Edith a 78 ans. Elle vient de passer son permis de conduire. Mon grand-père est mort l'année dernière, alors elle ne pouvait plus aller se promener. Mémée habite en Normandie. Mamic Yvonne et papic René habitent en Bretagne comme nous, mais dans le Nord, à Saint-Malo. Mamic se baigne dans la mer jusqu'en novembre. Papic, lui, tient le thermomètre. Il prend la température de la mer, et quand ça descend à 15 degrés, il dit à mamic « Terminé ! » et mamic obéit. Mamic a 70 ans. Papic 75. Papic adore les roses de son jardin et les statistiques.

Je continuerai demain.

mercredi 27 novembre

Ce matin, ma copine Solène téléphone. Pour aller à la piscine. J'ai dit non. Non, ab–so–lu–ment impossible, j'ai trop de devoirs. Je crois bien qu'elle est furieuse. J'ai des devoirs... mais la vraie raison, c'est le maillot de bain. Mon maillot de l'été dernier est trop petit (ou je suis trop grosse). C'est un bikini. Maman évidemment le trouve très bien. Moi, je dis qu'il est trop petit. Quand je plonge, je le perds. Le bas descend à mes cuisses et le haut me remonte autour du cou, et je suis obligée de rester sous l'eau à tout remettre en place. Et cet idiot de Ronan qui

fait toujours du sous-l'eau avec ses petites lunettes fumées, je le déteste celui-là.

Je dis à maman : « Les bikinis, ce n'est plus à la mode » et maman dit que si si… et que je suis toute mignonne dedans. Quand même, je ne suis plus un bébé.

Je me vois bien dans un maillot une-pièce noir, avec de jolies bretelles fines croisées dans le dos.

En attendant, la piscine, c'est fini. C'est bête, parce que j'adore nager et je crawle bien mieux que Solène. Solène oublie de respirer, alors de temps en temps elle souffle comme une baleine et ce n'est pas très élégant…

Il me reste encore un exercice de math à faire.

dimanche 1ᵉʳ décembre

Je vais écrire une liste de cadeaux de Noël
que j'ai à faire. C'est un peu la panique.
D'abord, je n'ai pas beaucoup d'argent. Il y a
des parents qui donnent beaucoup d'argent
de poche à leurs enfants mais pas chez nous.
J'ai 30 F par semaine. Julien 15 F. Ça ne fait
pas beaucoup.

liste

- maman : un petit vase
  ou
  une plante
- papa : des chocolats
  Léonidas
- Ju : crayons feutres
  ou
  balle de tennis fluo
- grands-parents : dessins
  poèmes
- Solène : rose à ongles
- Frédéric : bande dessinée

Et une liste de ce que j'aimerais

- un jean 501 couleur crème
- un blouson en jean délavé
- des chaussures Kickers ou bottes de cow-boy marron
- un petit sac à dos
- des chocolats pralinés
- de l'argent !!!...
- un T-shirt blanc tout simple
- un chemisier blanc brodé
- des chaussures de sport
- UN MAILLOT NOIR UNE - PIÈCE

mardi 3 décembre

Hier, après l'école, goûter chez Solène.
Tartines, chocolat chaud et une tablette
ENTIÈRE de chocolat aux noisettes. C'est
fou. Résultat : des boutons et des boutons, et
des boutons. Un au coin du nez et 3 bosses (3
montagnes !) sur le menton. Julien,
évidemment, les a comptés. Juste pour
m'énerver un peu plus.

Maman m'a bien acheté une crème qui cache
les boutons. Mais ça me fait des taches beiges
partout. Julien se moque de moi et fait le
Peau-Rouge. Alors je lui dis qu'on lui voit la
moustache et que je lui achète sans faute un
rasoir pour Noël. En général ça le calme et il
devient tout rouge.

mardi 24 décembre

Je suis trop excitée pour dormir. Il est
3 heures du matin ! Tout le monde est
couché. Et il y a du monde ! En plus de nous
4, il y a Uncle Michael et tante Françoise
(c'est la sœur de ma mère) d'Angleterre. Il y
a Thomas, mon cousin anglais (20 ans). Il
dort en bas, dans son sac de couchage, à côté
de la cheminée dans le salon. Il y a aussi
papic et mamic. Et pour le réveillon on a eu
aussi Marco et Marie-Paule, qui sont arrivés
avec leur fille Anne, la grand-mère d'Anne,
mamie Bellego, et... les langoustines (j'aime
pas ça...). Papic a apporté des huîtres de
Saint-Malo (et j'aime pas ça non plus).
Maman a sorti son pâté de foie gras de
canard aux truffes (et j'aime toujours pas ça).
Ce n'est pas ma faute, mais quand je pense
au canard et à ce qu'on lui a fait ça me rend
malade, mais vraiment malade.

J'ai quand même bien aimé les œufs mimosa
(spécial pour Julien, Anne et moi) et le
fromage et les chocolats.

J'étais assise entre Thomas et Anne, et en
face de mamie Bellego. Elle a un œil de verre.
Il est plus grand que l'autre œil et il ne bouge
pas. Elle a 80 ans et elle est gentille. De
temps en temps elle dit : « Mais vous savez
bien que je n'y vois pas ! » Elle avait l'air de

Delphine ☆

trouver ses huîtres dans son assiette pourtant !

Quelle bonne soirée ! Et je suis bien, là, dans mon sac de couchage. J'ai une lampe de poche pour voir ce que j'écris. Julien dort déjà. Oui... je suis dans sa chambre ! Et il ne sait pas que j'écris un journal. Je ne lui dirai jamais. C'est mon secret.

Demain... les cadeaux ! Génial !

mercredi 25 décembre

Je l'ai ! Je l'ai ! Mon maillot une-pièce tout noir. Avec des petites bretelles noires croisées dans le dos. Maman a pris la bonne taille. Et j'ai eu un T-shirt noir avec Cambridge écrit dessus. Et un gros stylo à plume superbe, et des chocolats, et Thomas m'a donné *Father Christmas Goes on Holiday* parce qu'il sait que j'apprends l'anglais. Bref, j'ai plein, plein de choses.

On a téléphoné à Matthieu, l'autre cousin anglais, en AUSTRALIE ! Papic dit que Matthieu est simplement juste en-dessous de nous, en train de manger la tête en bas.

Je l'ai ! Je l'ai ! Mon maillot une-pièce tout noir !

Mamic dit qu'elle préfère ne pas penser à
ça... Matthieu, lui, a 18 ans et il est parti
comme ça, pour un an, avant d'aller à
l'université.

Moi, j'aimerais aller en Afrique. Je crois que
j'aimerais être infirmière en Afrique, ou
traverser le Sahara à dos de chameau.

On va manger tout à l'heure. Encore un
grand repas. Et enfin plein de choses que
j'aime ! Il y a seulement le gâteau que tante
Françoise fait à chaque Noël. Ça s'appelle un
« trifle », il faut dire tra-i-fol, et il y a de
l'alcool dedans et voilà... j'aime pas ça non
plus. Mais papa adore. Mamic aussi.

Il y a Tintin à la télé cet après-midi. Même
Thomas veut le regarder. On va aller voir ça
dans la chambre de Julien. Maman a mis la
télé là. Quelle chance !

Thomas nous emmène Julien et moi à la
piscine demain. Chouette ! Et dans la voiture
anglaise en plus. Il met la musique très fort,
il chante en même temps, et on rit bien. Et
tout le monde croit que Julien et moi on est
anglais.

Flûte ! Quelle barbe ! Maman m'appelle pour
aider Julien à mettre la table.

jeudi 26 décembre

Loupé pour la piscine ! C'était fermé. J'étais prête et tout. Mon maillot neuf sous mon survêtement. Julien a un rhume ! Maman n'était pas très chaude pour le laisser venir avec nous. Il a fait une comédie, et Thomas a insisté. Bref ! Maman téléphone à la piscine de Plœmeur pour savoir à quelle heure ça ouvre et pof ! Fermé. Ça ouvre demain.

Thomas avait envie de voir la mer. On a réussi à laisser Julien à la maison. Pas une petite affaire ! Heureusement la tempête, c'est pire que la piscine. Pas bon pour les rhumes !

Un après-midi génial. Gé–nial. J'adore ce mot. Giga, j'aime bien aussi.

On est allés à Fort Bloqué. C'est à 10 km. Très sauvage. On a regardé les surfers et les planches à voile. Thomas a regretté d'avoir laissé son matériel à Saint-Malo chez les grands-parents.

On a fait la course le long des vagues et ramené plein de sable dans la voiture. Tante Françoise va rouspéter... En rentrant, Thomas m'a offert un chocolat chaud au Moulin Vert. Thomas cet idiot a prétendu qu'il ne comprenait pas le français.

Une partie de Scrabble avant d'aller se

coucher. Première : moi; dernier : Thomas, qui dit toujours que c'est pas juste, il y a plein de mots avec *w* en anglais. Il exagère aussi parce qu'il invente des mots. Mais mamie est là.

Demain, enfin la piscine. Peut-être que Frédéric sera là...

vendredi 27 décembre

Opération piscine !

D'abord ça a mal commencé. J'étais en train de tourner et virer devant la glace dans la salle de bain tout ça dans mon maillot tout neuf. J'étais même prête à tripoter un bouton que j'ai en plein milieu du menton. Catastrophe ! J'avais oublié de fermer la porte à clef. Thomas est entré comme un ouragan pour se raser. Tout ce qu'il a trouvé à dire a été : « Oh la belle anguille ! » Inutile de préciser que j'ai rougi.

Ensuite, Julien a ameuté toute la maison parce qu'il ne trouvait pas sa serviette de piscine. Maman l'a trouvée en bouchon dans

Catastrophe ! J'avais oublié de fermer la porte à clef.

un coin du garage. Toute moisie, avec des petits points noirs partout et elle sentait plutôt mauvais.

On est quand même partis. Thomas a mis une vieille cassette d'Enya. C'est giga. Elle chante en irlandais par moments. J'aime. Ça me rappelle l'Irlande quand j'étais chez les Mitchell.

A la piscine, sur qui on tombe ?! Sur... Frédéric. Frédéric... Freddie. Fredo. Fred. Frédé. Frédéric, c'est le mieux. Demain une page sur Frédéric...

samedi 28 décembre

Papic et mamic sont partis. Les Anglais aussi. Il n'y a plus que nous quatre. C'est d'un triste ! Julien joue avec sa voiture télécommandée. Ça a le don d'énerver tout le monde. J'ai retrouvé ma chambre. Je suis bien là, tranquille. Je vais pouvoir penser à Frédéric.

Je l'ai trouvé... sous l'eau. Il est arrivé comme ça, en douce, il m'a pris les pieds et

j'ai bu la tasse. L'eau de mer, ça passe, mais l'eau de piscine c'est dégoûtant. J'ai craché, j'ai toussé, mais on a ri tous les deux. Je suis devenue toute rouge. A quel âge on arrête de rougir ?? Peut-être plus important : mon maillot a tenu le coup. Toujours bien en place. Ouf — mon bikini se serait envolé sous le choc, c'est sûr !

Après on a fait la course. A la brasse, j'ai gagné. Julien a passé son temps à faire le dauphin autour de nous. Thomas lui a même appris à pousser des cris de dauphin. Frédéric a parlé anglais à Thomas. Je n'ai pas tout compris. C'est normal, Frédéric est en Troisième, au même collège que moi. Il a 16 ans. Il a des yeux très clairs. Couleur d'eau, couleur de nuages clairs, couleur du temps. Il a une coupe de cheveux comme j'aime. Courts derrière, et assez longs sur le dessus. Les cheveux très blonds. Plus grand que moi, juste un petit peu. J'aime bien son jean, pas trop serré aux fesses. Il ressemble un peu à Christophe Lambert. C'est dans les yeux.

Il m'a invitée à aller au cinéma. *Atlantis* passe au Royal à Lorient. On y va samedi prochain. Julien va vouloir venir. Pas question. Il peut aider maman à faire les crêpes. Le samedi soir, c'est toujours les crêpes chez nous. Si j'invitais Frédéric ?

vendredi 3 janvier

Après Noël, j'aime pas. Je ne trouve rien à faire. Je m'ennuie. Je m'EN–NUIE... J'ai ma chambre à ranger. Je n'ai rien à raconter dans mon journal. Je n'ai envie de rien faire.

Je voulais aller en Angleterre avec mon oncle et compagnie mais papa a dit : « Pas question que Delphine rentre toute seule en avion ou en bateau ». Je n'ai pas osé dire : « Frédéric pourrait venir aussi ». On serait revenus ensemble. Le rêve, quoi ! Mais j'ai rien dit. Il n'est jamais allé en Angleterre. Il n'a pas beaucoup voyagé. Moi, j'adore voyager.

Liste des pays que j'ai visités :
— France (en long, en large et en travers)
— Angleterre
— Jersey
— Irlande
— Italie
— Allemagne
— Autriche

C'est pas beaucoup. Pas très original.

J'aimerais aller en Finlande. J'habiterais dans une petite cabane en bois près d'un lac. J'aurais un sauna. Il paraît qu'on plonge tout nu dans un lac après un sauna. Même en hiver. Je ne sais pas si j'oserais...

Je vais dessiner.

J'oubliais : lumière à l'horizon. Demain, c'est le cinéma.

samedi 4 janvier

Il est presque minuit ! Je ne peux pas fermer l'œil. Super journée. Giga ! D'abord expédition cinéma. J'ai réussi à laisser Julien derrière. Pas une petite affaire. En ce moment je ne peux pas le souffrir.

Trouvé Solène à l'arrêt de bus, cigarette au bec. Horreur ! Elle allait en bande à Plœmeur au café de la Place. Ils jouent tous au baby-foot et au billard américain.

Atlantis c'est moyen. Pas de paroles. Ça se passe sous la mer. Ce n'est pas mon rêve. Ça me fait peur... Frédéric m'a pris la main et j'avais la main toute mouillée de frousse. Après, il a passé sa main dans ses cheveux et hop son bras s'est retrouvé autour de mes

épaules... Comme ça, l'air de rien... J'ai rougi mais dans le noir ça ne se voit pas ! Ouf !

Frédéric est venu manger des crêpes. Et quand il est parti Julien a dit : « Delphine a un amoureux–eux, Delphine a un amoureux–eux ! Et il fume–eu ! »

Julien gâche tout. Je voudrais être pensionnaire.

Bon, d'accord, Frédéric fume en cachette. Des Marlboro, comme Solène. Je n'ai pas tellement envie d'essayer. Papa fume et maman lui fait toujours la guerre. Elle dit qu'il nous empoisonne tous. Moi, j'ai vu Julien l'autre jour devant la glace. Il se regardait... une cigarette en chocolat au coin de la bouche, comme papa. Quand j'ai dit : « Ça va avec ta moustache », vlan ! Un coup de pied dans le tibia ! J'ai un bleu pour le prouver.

Frédéric m'a demandé une photo de moi ! Toutes les photos de moi sont moches.

mercredi 8 janvier

J'ai regardé les albums de photos ce matin.
Pour Frédéric j'ai un choix énorme :

— Moi à trois ans, avec ma cousine
   Anne-Louise, en train de faire de la
   pâtisserie à Saint-Malo.

— Moi l'année dernière à la plage de Porvril
   mais on voit tous les poils sur mes jambes.

— Moi sous la tente en Écosse. Photo prise
   par Julien. J'ai un sourire bête et je suis
   couverte de boutons de moustiques.

— Moi en train de jouer de la guitare dans
   ma chambre, mais j'ai mes lunettes sur le
   nez.

Je pourrais demander à Solène de me prendre
en photo sur les rochers cet après-midi.

jeudi 9 janvier

Quelle après-midi hier ! Je n'ai jamais autant ri avec Solène.

Je suis arrivée chez Solène avec mes lunettes noires. Elle est arrivée à la porte, l'appareil de photo en bandoulière, un stylo à bille sur l'oreille, un bloc-notes à la main et le blouson de cuir de son père sur le dos. Style très reporter.

D'abord, Opération Bureau de Tabac. Là, Solène demande à un copain de lui acheter un paquet de cigarettes. Après, elle achète des bonbons. On sort, les poches bourrées : des Carambars, de Malabars à la menthe, et une tablette de chocolat Suchard au lait et aux noisettes.

On part donc à la plage pour Opération Photo. Solène m'installe sur un rocher tout près de la mer pour avoir l'écume des vagues.

Solène décide que mon profil de gauche est beaucoup plus...

Le vent soufflait pas mal. Je commençais à avoir froid. Solène décide que mon profil de gauche est beaucoup plus photo-hygiénique comme elle dit! « Regarde l'horizon, me dit-elle, pas l'appareil. Pense à Frédéric nom d'une pipe! (En fait elle a dit un autre mot...) Et puis mets-toi le dos au vent pour avoir tes cheveux partout. Ouais, super! On ne voit plus tes boutons. Ne bouge plus! Ouais... Impeccable! » Et elle mâchait son Malabar d'un air inspiré.

Solène allongée de tout son long sur un rocher un peu plus bas, l'appareil collé à l'œil... La vague est arrivée. Sous le choc Solène avale son Malabar. Mais la photo est prise! Heureusement, c'est un appareil étanche. On peut même prendre des photos sous l'eau.

Tout ça pour les beaux yeux de Frédéric.

samedi 11 janvier

Papa et maman regardent un vieux film classique à la télé, en noir et blanc, forcément : *Boudu sauvé des eaux*. Une histoire de clochard. Ça a un air d'«avant la guerre». La PREMIÈRE guerre mondiale, au moins! Très peu pour moi! Je préfère être dans ma chambre.

Il reste un jour de vacances. Ouf! J'ai hâte de retrouver les copains lundi. Surtout Frédéric.

Ce trimestre, il y a le voyage en Irlande pour les Troisièmes. Donc normalement pas pour moi. Mais Mme Diva, leur prof d'anglais, a besoin d'une autre famille. C'est une copine de maman, et maman a dit d'accord, on prendrait bien une jeune Irlandaise.

Ça veut donc dire que je vais en Irlande. On part quelques jours avant les vacances de Pâques.

Et incroyable mais vrai, Frédéric y va aussi!

dimanche 12 janvier

Tension à la maison. Toujours pareil à la veille d'une rentrée.

Julien se panique parce qu'il n'a pas fait ses exercices de grammaire. Il m'a demandé de les faire pour lui. Comme il m'a embêtée pendant toutes les vacances, il peut toujours courir.

Maman a brûlé le poulet. Elle a dit à papa que c'était de sa faute. Papa était assis dans le salon à fumer une cigarette et il n'a rien senti. Maman préparait son cartable en haut. Le lundi, c'est sa grosse journée. Ça, tout le monde le sait tous les dimanches.

Moi, j'ai dessiné tout l'après-midi et je me suis faite toute petite. Maintenant maman est en train de couper les cheveux de Julien. Ça va être mon tour et ça fait toujours des histoires. Maman veut les couper tout courts. Papa les aime bien longs, quand je les mets en queue de cheval. Moi, je tiens à une frange pour cacher mes boutons. Maman dit que c'est la frange qui me donne des boutons...

Pourquoi est-ce-qu'on ne me laisse pas tranquille ? Je me demande comment Frédéric les préfère, mes cheveux ?

La coiffeuse m'appelle dans la salle de bain.

mercredi 15 janvier

Ouf! C'est dur les premiers jours! Mais très chouette de ne pas avoir Julien dans les pattes du matin au soir. En plus, Julien est inscrit au club de voile de Fort Bloqué : tous les mercredis après-midi. Maman est partie faire les soldes à Lorient. Elle va sûrement rapporter une paire de chaussures.

Les chaussures... Matthieu écrit que là où il est en Australie, à Hervey Bay, tout le monde marche pieds nus. Le rêve... Plus jamais : « Vous faites quelle pointure, Mademoiselle ? » Tout bas je dis : « 41 ». C'est pas possible de faire du 41 à mon âge. C'est une catastrophe. Et alors j'entends : « Désolée, mademoiselle, mais ce style-là s'arrête au 40. » Mes pieds sont monstrueux. Et dans des chaussures ils paraissent encore plus longs. Vive l'Australie!

Bon, j'ai des devoirs à faire, mais je vais d'abord lire un peu de *Rebecca*. J'adore. C'est ma tante d'Angleterre qui m'a dit de lire cela. Je peux toujours compter sur tante Françoise pour des bons titres.

Delphine ☆

Mes pieds sont monstrueux.

Toujours le même mercredi...

11 heures du soir

Maman est passée me dire bonsoir il y a dix minutes. Je suis au lit. Je ne peux pas me concentrer sur mon *Rebecca* ce soir. Je ne me sens pas très bien.

Cet après-midi, coup de sonnette à la porte. J'étais toute seule à la maison. Maman pas rentrée des soldes, papa à Kerpape, Julien dehors à faire du vélo avec des copains (au lieu de faire ses devoirs...).

J'ouvre la porte... Le choc. Le méga choc. Solène et Frédéric. Pas la main dans la main. Presque. J'avais bien vu Solène tourner autour de Frédéric hier... Tous les deux venaient m'inviter à aller en ville à Lorient prendre un pot au café Transat.

La suite sera pour demain. Je suis crevée.

Delphine

jeudi 16 janvier

Je me suis réveillée avant tout le monde ce matin. J'écris la suite, ayant laissé Frédéric et Solène à la porte hier.

Donc... Solène en jupe écossaise super-mini, collant noir, petits talons fins et un haut noir ultra collant. Un rouge à lèvres rouge sang et fond de teint très doré (son cou tout blanc avait l'air d'appartenir à quelqu'un d'autre). Les yeux noir charbon et frémissants, les paupières lourdes de brun rouge elles aussi. Tout ça pour Frédéric. Je ne sais pas pourquoi mais tous les garçons tournent toujours autour de Solène. Elle s'arrange pour copier leurs devoirs, ou pour leur donner un chewing-gum ou sa part de frites à midi.

Alors j'ai dit : « Non, j'ai pas fini ma rédac'. Je ne peux pas sortir. » « Oh que tu es bête, me dit Solène, viens donc. De toutes façons, finie ou pas, le prof te donnera encore 19 sur 20, tu es sa petite préférée. Allez, viens donc, dis-lui, Frédéric. » Et alors là ! Là ! Frédéric a dit : « On ne peut pas la forcer. Si tu changes d'avis tu sais où on est. Okay ? Ciao ! » Ils sont partis comme ça.

Et moi, Delphine Grancher, j'ai pleuré comme une madeleine sous mon oreiller.

Je déteste Solène. Je la dé–tes–te. Ce n'est plus ma copine. Elle se moque toujours de mes bonnes notes à l'école. Quand j'ai 20 sur 20 en anglais, elle dit bien fort : « C'est pas juste, sa mère est prof d'anglais et sa tante habite en Angleterre. »

Frédéric. . . Quel idiot celui-là.

Je sens le café. Le café « Carte Noire » de papa. Son préféré. Je vais descendre moi aussi.

jeudi soir

A la récré ce matin, j'ai vu Solène qui montrait des photos à Frédéric. Nos photos de Noël ? Je suis sûre que c'étaient nos photos de Noël. Mais c'était un secret à nous deux. A Solène et à moi. Et ils rigolaient en plus.

J'ai eu dessin cet après-midi. J'aime toujours. J'ai un prof super-génial. Il fait très artiste. Je le vois au marché de Plœmeur le dimanche matin. Il est toujours à côté du marchand de fleurs. En jean et chemise à carreaux. Il vend son journal communiste. Il dit toujours : « Salut Delphine. » Il n'a pas l'air de vendre beaucoup de journaux. Il s'appelle André Robic. Il est sympa. Je lui ai dit que j'aimerais bien faire l'École des Beaux-Arts après le bac. M. Robic m'a donné un poème à illustrer pour la semaine prochaine.

Delphine ☆

samedi

J'aime bien le poème et je l'écris dans ce journal. C'est un poème de Prévert, tiré de *Paroles*.

L'ÉCOLE DES BEAUX-ARTS

Dans une boîte de paille tressée
Le père choisit une petite boule de papier
Et il la jette
Dans la cuvette
Devant ses enfants intrigués
Surgit alors
Multicolore
La grande fleur japonaise
Le nénuphar instantané
Et les enfants se taisent
Émerveillés
Jamais plus tard dans leur souvenir
Cette fleur ne pourra se faner
Cette fleur subite
Faite pour eux
A la minute
Devant eux.

Delphine ☆

mercredi 29 janvier

Julien est rentré du club de voile et tout de suite m'a proposé un chocolat chaud. Il sait que j'adore ça et il avait plutôt l'air gelé, congelé même. Je suis donc descendue à la cuisine. Puisqu'il faisait le chocolat, j'ai préparé les tartines pour le goûter. Avec la

confiture de mûres de Mémée Edith... Miam miam.

La main tremblante de froid, Julien a tout de suite mis de la poudre de chocolat partout sur la table. Pour être gentille je lui dis donc de

Julien n'ose pas le dire aux parents. Il pense qu'il ne va plus jamais avoir le droit de faire du bateau.

faire attention de ne pas attraper un rhume.

« Bof, qu'il me fait, j'ai failli mourir alors
hein ! Tu as déjà failli mourir, toi ? Même que
l'hélicoptère est venu faire des ronds
au-dessus de nous... Et le Zodiac de
sauvetage est venu nous chercher. »

Bref, j'ai cru comprendre que Julien et le
copain Sam sont d'abord allés trop loin. Un
coup de vent... Le mât s'est cassé, et ils ont
commencé à dériver vers l'Amérique.

Julien n'ose pas le dire aux parents. Il pense
qu'il ne va plus jamais avoir le droit de faire
du bateau.

Il est dix heures et demie. Julien n'a rien
dit... Papa travaille dans le garage. Maman
prépare le voyage à Jersey de ses élèves. Elle
perd son cool ce soir. Ce n'est pas le moment
de lui dire que Julien a failli se noyer...

Et moi qui ai rêvé d'être fille unique, je me
sens coupable maintenant. C'est malin ! Je
vais sûrement faire des cauchemars cette nuit.

jeudi 30 janvier

Une journée pleine de drames.

Premier drame : en descendant du car scolaire je tombe sur Solène et Frédéric, la main dans la main. C'est donc bien ce que je pensais.

Deuxième drame : papa s'arrête au bureau de tabac en rentrant du travail. Pour acheter sa provision de cigarettes et le journal. On lit *Ouest-France* à la maison. Maman, qui d'habitude ne trouve jamais le temps de s'asseoir, s'installe à la table de la cuisine et regarde le journal. Elle surveille son plat dans le four en même temps. Tout d'un coup, je l'entends dire : « Non mais... non mais... ce n'est pas possible ! Julien... mais c'est ton club de voile ? F B sur le Topper là c'est bien Fort Bloqué non ? Qu'est-ce que c'est que cette histoire ? Julien ?? Jean-Denis ?? »

Là-dessus, Julien s'est paniqué. Il est parti dans sa chambre quatre à quatre. Il a donc fallu que j'explique. On a oublié le plat. C'est Julien qui a senti la fumée ! Maman a serré Julien sur son cœur en disant simplement : « Que cela te serve de leçon ! » Julien, sous le choc, a pleuré. Moi, je suis soulagée. J'ai bien failli avoir mon frère dans les pattes tous les mercredis après-midi ! Ouf...

Troisième drame : je ne trouve pas mon cahier de textes. L'horreur.

samedi 2 février

Semaine terminée ! Ouf. Encore ouf. J'écris toujours « Ouf » presque à toutes les pages. Tant pis. Après tout, c'est MON journal. C'est seulement moi qui le lis. Enfin... J'espère... je change de cachette de temps en temps, à cause de Julien qui fouine souvent. Il cherche toujours mes bonbons. Il est vraiment pénible.

Dernier drame de la semaine (j'espère !) : je vais porter un appareil pour mes dents. Je suis allée chez le dentiste tout à l'heure. Il a pris toutes les mesures. Mon appareil sera prêt la semaine prochaine. MES appareils. Un en haut et un en bas. Je dois le garder un an. Je vais l'avoir juste pour le départ en Irlande... Solène est venue me trouver à la récré ce matin et m'a lancé : « Alors, comme ça tu vas en Irlande avec les Troisièmes. T'es même pas en Troisième. » Évidemment elle

est furieuse parce qu'elle n'y va pas. Frédéric, c'est sûr maintenant, vient.

Moi, j'aurais mes rails de chemin de fer dans la bouche. La grosse attraction, quoi ! J'arrête. Ça me déprime.

lundi 4 mars

Déjà en mars. Le mois prochain, c'est mon anniversaire. Giga ! Bientôt quinze ans. Enfin. Quinze, ça sonne vraiment mieux que quatorze. J'entends aussi mamie dire : « Tu es une grande jeune fille maintenant. » Ce qui provoque régulièrement un rire bête et nerveux de ma part.

Ça y est, c'est décidé, c'est chez les Mitchell que je vais en Irlande. Parce que je les connais. J'y suis déjà allée l'année dernière. Chouette. Malheureusement Jane ne peut pas venir avec l'échange. Je reviendrai donc avec une autre Irlandaise. C'est pour aider Mme Diva puisqu'il lui manque une famille française.

liste pour l'Irlande

- maillot de bain et trucs de sport
- bouquins
- carnet de dessin et crayons
- partitions de guitare
- body à rayures, culottes etc...
- T-shirt (Cambridje the sit of lerning)...
  humour anglais ?
- DÉODORANT et GANT DE TOILETTE

- mini-jupe en stretch
- 2 gros pulls
- mon journal !!
- dico Collins
- argent
- aspirine
- sac banane
- crème à boutons (2 tubes)
- tube cache-boutons

Carte d'identité

* ne pas oublier de vérifier
  la date de mes règles.

mercredi 6 mars

Réunion hier pour l'Irlande. Ouais !!! Départ dans deux semaines. Frédéric s'est assis à côté de moi pendant la réunion à la récré. Ouais. C'est fou ! Il m'a glissé un petit mot pendant que Mme Diva n'arrêtait pas avec ses recommandations. Pas le droit de fumer. Toujours dire *thank you* et *yes please* et pas *thank you* tout court et tout sec. Je sais. Mes cousins m'ont appris ça.

Je colle le petit mot de Frédéric. Voilà :

Donc il m'aime un peu quand même. J'ai dit oui de la tête. Je me couche. Je vais bien dormir.

vendredi 8 mars

Je suis suivie. Suivie par Solène. Énervée par Solène. Solène la casse-pieds. Solène la haine.

Elle me saute toujours dessus : « T'as pas vu Frédé ? » (ouais, elle l'appelle Frédé !) ou bien : « Il a cours de quoi, Frédé, cet après-midi ? » ou encore : « Frédé finit à quelle heure aujourd'hui ? »

Si elle savait que Frédéric va être assis à côté de moi pendant des heures dans exactement 12 jours 3 heures 40 minutes 5 secondes... Vive l'Irlande, vive maman, vive Mme Yes Please, vive Jane. J'en oublie sûrement. Papa. Julien. Oui, même Julien.

Samedi à 1 h on part pour Saint-Malo, pour le week-end. Papic a déjà dit au téléphone qu'on aurait des frites et du bifteck haché, Julien et moi. Les autres du poisson. C'est toujours papic qui fait la cuisine à Saint-Malo. Mamic, c'est le ménage et la couture. Mamic parle anglais aussi. Papic a essayé d'apprendre, à cause des cousins anglais.

J'ai hâte de les voir. On va traverser la Bretagne, et on va encore avoir notre leçon de géographie et d'histoire...

Mon sac est prêt pour Saint-Malo. Pas une

minute de repos demain. Je finis à midi. Je laisse mon journal ici.

dimanche soir 10 mars

Retour mouvementé dans la voiture. Julien en est encore au stade de mesurer sa place sur la couverture écossaise qui protège les sièges arrière de la voiture. « Toi tu as quatre carreaux pour tes grosses fesses, et moi trois seulement. La frontière est là, à la ligne jaune. » Papa l'a tout de même un peu surpris en disant : « Mets donc une mitraillette à la frontière ! » J'ai aimé.

Saint-Malo. Super. Comme d'habitude. Un petit tour en ville avec mamic hier après-midi. J'adore. On va à pied. Ça fait 2 kilomètres à peu près. On marche sur le Sillon le long de la mer. Mamic m'emmène toujours chez Yves Rocher. Là, on achète du shampooing à la pomme (mon préféré) ou encore du parfum, « Eau de Juillet », ou encore un petit savon à la mandarine. Hier, j'ai eu un savon.

On fait toujours le tour des remparts. On passe devant la statue de Jacques Cartier—qui—a—découvert—le—Canada, et de Surcouf—le—corsaire—qui—dit—quoi—Delphine? « Sus aux Anglais, mamie! » Et on rit en pensant aux cousins, et en évitant les crottes de chien par terre.

Julien a passé tout son temps à suivre papic partout. Quelquefois, c'est l'inverse. Papic suit Julien.

Je dors presque.

☆ ☆ ☆

lundi 11 mars

J'ai oublié de raconter l'initiation au vin au repas de dimanche midi à Saint-Malo.

Dimanche midi papic a déclaré qu'il était grand temps de faire notre éducation question de vin. Avec des parents qui ne boivent pas, il dit qu'il va nous manquer quelque chose à Julien et à moi.

Papic a déclaré qu'il était grand temps de faire notre éducation question de vin.

— Boire de l'eau avec MON gigot, c'est un scandale, a dit papic.

— Tu exagères un peu quand même, a dit mamic.

— Ce n'est pas de ma faute si le vin blanc me donne mal au ventre ! a dit Catherine, sa fille (ma mère)...

Alors on a eu un petit fond de Bourgogne Aligoté. C'est du blanc. Il ne faut pas que j'oublie. Et un petit fond de Saint-Émilion Grand Cru. La prunelle des yeux de papic. On a tourné le vin dans le verre et il faut voir si ça pleure... ou si ça a de belles jambes. C'est drôle.

— Alors, c'était bon, mon vin, Julien ? a demandé papic, le feu aux joues, au moment du café.

— Ouais, j'ai bien aimé l'alligator, a dit Julien.

— T'es sûr que c'est pas le crocodile ? A-L-I-G-O-T-É, bêta !, a dit papic.
On a bien ri.

mardi 12 mars

Une carte de Matthieu—Matthew. Papie dit Matiou. Les *th* anglais, il n'apprécie pas.

Matiou est à Cairns. Julien a tout de suite regardé son atlas. Julien, c'est les atlas. Moi, c'est les romans. Matiou a fait un saut Bunji. Il paraît qu'on attache les pieds avec une énorme corde élastique et on saute dans le vide, 50 mètres plus bas. On fait ça en France aussi. En Angleterre je crois que c'est interdit. Julien dit qu'on peut sauter du Pont de Tancarville en Normandie. Juste à côté de chez mémée. Très peu pour moi.

Départ pour l'Irlande dimanche après-midi à 3 heures. On prend le bateau à Roscoff. «Glisse-en-ski-jusqu'à-Roscoff». Mon arrière-grand-père disait que c'était du russe. On prend le bateau de nuit. On a des cabines. Chouette!

Je fais du baby-sitting demain. Chez la boulangère. Vincent a deux ans. J'aime bien ça. Je vais regarder la télé et je vais gagner 100 F.

DENTISTE demain. Rendez-vous à 4 heures. Je sens que je vais avoir mal. J'ai peur. Un peu.

ÉCRIRE A MATIOU AVANT L'IRLANDE.

mercredi 13 mars

Solène a failli partir en fumée !

Je raconte.

On mangeait dehors dans le jardin. Ju,
maman et moi. « Tiens, dit maman, les
Piquet ont dû sortir leur barbecue. » Mais
pas du tout. Mme Piquet, la mère de Solène,
faisait ses frites dans le garage à cause de
l'odeur. Elle a laissé son huile sur le feu. Elle
était dans la cuisine... La bassine a pris feu
et le garage avec ! Les pompiers sont venus.
Pin-pon, pin-pon. Tout le monde dans la rue.
Solène pleurait, son frère aussi. Les vélos ont
brûlé. Le vélo tout neuf de Solène. Son VTT.
La planche à roulettes de Didier. Le bateau
Sportiac a fondu.

Ils sont venus tous les trois à la maison
prendre un morceau de gâteau. Un
quatre-quart que maman fait souvent pour
fêter le mercredi. Je vais écrire la recette.
Utile pour l'Irlande.

Solène a avalé TROIS morceaux. Je trouve
qu'elle grossit en ce moment. Elle avait les
yeux tout noirs tout autour. Son Rimmel
avait coulé.
   —Alors, Delphine, tu es contente d'aller
en Irlande ? C'est bientôt le départ ? a dit
Mme Piquet.

— Moi, je n'aime pas l'anglais. Je préfère l'espagnol, a dit Solène.

On n'a pas beaucoup parlé toutes les deux.

Bonne soirée de baby-sitting. J'ai eu 120 F. Après 11 heures on gagne plus.

Ça y est, j'ai des dents de fer.

jeudi 14 mars

J'ai mal aux dents. Solène a dit : « Oh là là ma pauvre ! Qu'est-ce qui t'arrive ? Oh laaaa laaaa ». Alors les copines sont arrivées pour voir. « Juste avant l'Irlande, c'est moche, quand même. T'as vraiment pas de chance. » Comme j'ai du mal à parler, je n'ai rien dit. Mais je l'écris, il y avait de la buée sur mes lunettes. Je sais que je suis moche.

J'ai retrouvé maman en ville pour faire les dernières courses pour l'Irlande. Maman a bien vu que j'étais triste. J'ai eu une belle trousse de toilette, trois culottes neuves à petits pois. J'adore les petits pois. De toutes

les couleurs. A Promod, maman m'a acheté
une belle écharpe avec des dessins africains.

Julien va passer une semaine à Saint-Malo
pendant que je serai chez Jane.

Papa a perdu nos cartes d'identité, à Julien et
à moi. Il les a mises quelque part dans un
classeur. Quel classeur ? *That is the question !*
Papa : « Mais Catherine aide-moi un peu à
chercher ça. »
Maman : « Jean-Denis, c'est ton problème.
C'est toi qui as décidé de ranger tous les
papiers importants de la famille. Moi, c'est
les factures et MES factures sont là, dans le
classeur bleu. »

Je ne peux pas partir sans ma carte
d'identité !

J'ai mal partout dans ma bouche. J'ai avalé
deux cachets. J'en suis encore au stade de
mettre le cachet dans une cuillère de confiture
pour pouvoir l'avaler !

vendredi 15 mars

Évidemment, je prends mon journal avec moi. On traverse la Manche ensemble.

RECETTE DU QUATRE-QUART

> œufs
> beurre
> farine
> sucre

1 Peser les œufs d'abord. Préparer les autres trucs. Exactement le même poids.

2 Mélanger le sucre avec les JAUNES (ne pas oublier : SEULEMENT LES JAUNES). Ajouter le beurre et la farine petit à petit.

3 Battre les blancs en neige.

4 Ajouter les blancs au reste DÉLICATEMENT (maman dixit).

5 Verser le tout dans un moule de 20/25 cm de diamètre (il faut que je vérifie pour les *inches* dans mon dico).

6 Cuire à feu moyen 45 minutes. Maman dit que ça monte tout seul. J'espère !

Frédéric, lui, a appris à faire des crêpes, au cas où. Il m'a dit. Toujours pas de carte d'identité ! Légère panique...

Parole de maman à papa : « Tu fumes trop. Tu perds la mémoire. »

samedi 16 mars

Derniers conseils de Mme Diva :
- • Départ à 3 h pile
- • Interdiction absolue de fumer
- • Pas d'arrêt pipi avant Roscoff
- • Tenue confortable pour le voyage
- • Argent irlandais et un peu d'argent français
- • Prendre un sandwich et un fruit

Elle a failli nous faire rater le car scolaire.

Impossible de me concentrer en cours ce matin. Vu Frédéric. Il est allé chez le coiffeur, visiblement. Je voudrais avoir des cheveux raides et blonds comme lui. Je suis

moche avec mes cheveux frisés. Et mes dents de fer. Et mes boutons. Mais ça y est, je n'ai plus mal aux dents.

Ne pas oublier les cadeaux pour les Mitchell

- *paquet de café, galettes bretonnes Traou-Mad pour Jenny*
- *chocolats Léonidas pour Keith*
- *bouchées Suchard et œufs de Pâques pour Jane, Paul et Iain*
- *pâté de poisson en conserve pour Abbie, le labrador*

Papa a trouvé ma carte d'identité dans SON passeport! Ouf!

Je suis prête, ça y est.

Wednesday, 20th March
Ireland

Hi !

Je n'ai pas le temps d'écrire ! Tout va bien. Je commence à aimer le thé. Enfin ! vont dire les cousins. Et même un garçon m'a demandé : « *Which football team do you support ?* » J'ai fait un effet de bœuf en disant : « *Tottenham Hotspur.* » C'est Matthieu qui m'a appris ça quand j'étais toute petite. A cinq ans je répétais : « *I am a Tottenham Hotspur supporter.* » Matthieu m'emmenait à la plage et on chantait ça tous les deux sur le trottoir.

Le voyage a été super-chouette. Jusqu'à Roscoff, j'ai joué aux cartes avec Frédéric. Sur le bateau on est allés sur le pont et on a regardé la mer ensemble, l'un contre l'autre, l'air de rien. Et dans le car en Irlande, je me suis endormie, et je me suis réveillée la tête sur son épaule. Il n'a rien dit. Moi non plus. Je crois qu'il y a quelque chose.

Les Mitchell attendaient au complet à l'école. Poignées de main. Embrassades. Aboiements (Abbie). Du coin de l'œil, j'ai vu Frédéric partir avec sa famille.

Chez les Mitchell j'ai sorti mes cadeaux. Abbie a déjà mangé son pâté de poisson.

Je dors dans une chambre à moi toute seule.
Chouette pour écrire mon journal. Demain,
école... pour changer ! Il y a des cours en
irlandais ! L'année dernière, Jane ne m'avait
pas prévenue, et au milieu du premier cours,
quelle panique ! Je n'avais même pas réalisé
que ce n'était pas de l'anglais ! Jane avait bien
ri.

Au moins ici, les cours ne commencent pas
avec : « *How is the weather to-day?* » Ras le
bol de cette question.

jeudi 21 mars

La bonne blague ce matin. Cours de français. Miss Pink (je n'invente pas) a commencé avec : « Quel temps fait-il aujourd'hui ? ». . .

Aujourd'hui, « *Sports Competition, France versus Ireland* ». Je suis nulle mais, comme dit toute la famille, « Tu as de grandes jambes », alors j'ai gagné la course. *Fifty metres*. Ouf, c'est le système métrique !

Jane a gagné le saut en hauteur. Elle aussi elle a de grandes jambes, mais pas de grosses fesses comme moi.

Frédéric a presque tout gagné. C'est lui qui m'a fait gagner la course. Ouais, il a hurlé mon nom : « Vas-y Delphine. » La France a gagné. Les Irlandais ont crié : « *Three cheers for the French team.* »

Frédéric a arrêté de fumer. C'est chouette.

J'apprends plein de mots nouveaux :
Terrific !
Tea. C'est un REPAS !
Supper. C'est des sandwichs.
99. Une GLACE avec un bout de chocolat dans un cornet.
Quand quelqu'un dit « *Do you like lemonade ?* » il faut répondre « *Yes I DO* » et pas « *Yes* » tout court. Et pas « *No* » tout

court. On dit : « *I'm afraid I don't.* »

I love Frédéric. I do, I do, I do. Does he love Delphine? Yes, he does, he does, he does, yes he does.

Good night. (Moi, je croyais qu'on disait « *Good evening* ».)

samedi 23 mars

Je n'ai pas le temps d'écrire. Disco hier soir à l'école. Un Irlandais m'a tourné autour, je ne savais pas quoi faire. La honte. Frédéric est arrivé plus tard et j'ai commencé à m'amuser. Jane trouve Frédéric sympa. Elle a un petit faible pour Hervé Biard. Elle m'a dit.

J'adore danser. Grosse découverte de la soirée ! J'ai dansé comme une folle. Toujours avec Frédéric. Quand il y a eu « Nights in white satin » on était l'un contre l'autre. Vraiment très près. Et il m'a dit... je répète ses mots EXACTEMENT : « Tu sais... Solène, elle ne me laissait pas tranquille. Tu

Un vrai baiser. Mon premier.

sais. . . je n'aime pas les filles qui fument et je n'aime pas le rouge à lèvres. Alors. . .» J'ai dit quoi, moi, Delphine Grancher ? : « Ah bon ? » C'est tout.

Et alors. . . alors. . . Il m'a embrassée. Un vrai baiser. Mon premier. Ça y est, je l'ai écrit. Et ça y est, je rougis.

« Nights in white satin ». . . Maman l'a. Un vieux disque tout rayé. C'était à la mode quand elle avait 20 ans. Elle m'a dit. Je vais l'enregistrer sur une cassette. Je l'écouterai tous les soirs sur mon Walkman en m'endormant.

mercredi 27 mars

Je n'écris pas grand chose. Je n'ai pas le temps et je n'ai pas tellement envie. C'est triste. Je suis triste. On part demain.

Jenny m'a dit de revenir quand je veux. Jane vient l'année prochaine. C'est sûr. Je n'aime pas beaucoup la fille qui va rester à la maison. Elle est un peu bébé. Elle s'appelle Seonagh. Elle n'aime pas le français. Elle m'a déjà dit

ça. Charmant. Elle ne sait pas nager. Pas vraiment. J'ai vu. A la piscine, l'autre jour. Frédéric lui a fait boire la tasse pour rire. Elle lui a dit : « *Get off big bully, drop dead.* » J'ai compris quand même. Je comprends beaucoup mieux l'anglais.

J'ai envoyé mes cartes postales. Papic et mamic. Mémée. Solène. Papa et maman (ils ont déjà eu une lettre). Marco et Marie-Paule. Tante Françoise. Julien, mais j'ai oublié qu'il était à Saint-Malo.

J'ai acheté mes cadeaux :
— thé Earl Grey pour papa
— marmalade citron Dundee pour maman
— baked beans pour Julien

Plus de sous pour les autres. Il me reste 40 pence !! Frédéric… 0. Zéro pence. Il a acheté les mêmes cadeaux que moi pour ses parents et sa sœur.

samedi 30 mars

Seonagh est pénible mais pénible. Toujours derrière moi. Elle ne me lâche pas d'une semelle. Je n'ai pas le temps de voir Frédéric. Maman dit que je ne suis pas aimable depuis mon retour.

Papa est aux cents coups parce que Seonagh ne mange rien. Elle ne parle pas. Maman dit qu'elle est *home-sick*. C'est Seonagh qui a mangé les *baked beans* de Julien qui a fait « bercque », quand il a ouvert la boîte de conserve.

Plage cet après-midi. On a mis nos bottes. Seonagh a mis celles de maman, taille 38. Elles ne font que du 38, elles. Il faisait froid mais on est allés à la pêche aux crabes et aux crevettes. Seonagh a crié quand Julien lui a mis un crabe rouge sous le nez. Elle a glissé sur le goémon. Elle a pleuré. Un vrai bébé. Quand j'ai jeté mes crevettes vivantes dans l'eau bouillante pour les cuire, elle a dit : « *You are very cruel.* » Elle commence à m'énerver sérieusement.

Solène ne me parle pas. Elle a trouvé un remplaçant pour Frédéric. Il est moche. Plein de boutons. Mais il a un blouson noir et une mobylette Peugeot 105. Il prend Solène à l'arrêt de bus. Elle se coince derrière lui. Ils n'ont pas le droit d'aller deux dessus. Elle ne met même pas de casque. Mme Piquet ne doit pas savoir.

Moi, je préfère le car scolaire. Dans les coups de frein et les virages, je tiens la barre avec Frédéric, ma main SOUS sa main. Mais il y a la main de Seonagh un peu plus bas. Elle m'a même dit : « *Is he your copine ?* » Encore une explication, copain, copine etc.

Elle part JEUDI.

vendredi 5 avril

Seonagh est partie. Je me sens un peu coupable. J'ai été un peu vache je crois avec elle. Finalement, Julien et elle se sont bien entendus. Deux bébés ensemble.

Une lettre de Thomas. Plein de nouvelles. Il vient nous voir cet été avec une copine. Une nouvelle, Kirsty. Et il a une voiture ! Une 2CV. Ça va être super avec Frédéric et eux. Matiou rentre d'Australie fin juillet. Anne-Louise viendra aussi. On va se retrouver tous ensemble pour la Sainte-Marie, le 15 Août, à Saint-Malo.

Demain, c'est mon anniversaire. Frédéric vient goûter. Crêpes. Une fois de plus. Mais y a que ça que j'aime comme dessert. Après, on ira au cinéma. Frédéric et moi. Et Julien. Papa et maman ont dit : « Pas question de le laisser derrière, tous les trois ou rien » et maman a ajouté : « Et arrête de soupirer toutes les cinq minutes, Delphine. »

Tout le monde m'énerve en ce moment. Sauf Frédéric.

Au lit.

Delphine

dimanche 7 avril

Et voilà. J'ai quinze ans. Il paraît que dans un an à peu près je n'aurai plus de boutons. Je n'aurai plus mes dents de fer. Mais je ferai sans doute du 42 en chaussures. Maman a une amie qui fait du 43, et elle est obligée de commander ses chaussures en Hollande, parce qu'il paraît que les Hollandaises ont de grands pieds.

J'ai mis ma bague en argent. Mon cadeau de Frédéric. C'est pour ça qu'il n'avait plus d'argent en Irlande. C'est un bijou celtique. Un symbole d'amour et d'amitié. Il y a de l'irlandais écrit à l'intérieur de l'anneau.

Mots inoubliables de Julien : « Oh... c'est une bague de fiançailles ». J'ai vu maman lui faire de gros yeux. Et papa.

Maman m'a offert un nouveau journal, relié en cuir. Papa avait caché un billet de 200 F dedans. Et Maman m'a dit : « Ça marche, le journal, non ? Tu vas continuer, sans doute. »

Ce soir je me pose une question : Comment est-ce que maman sait que j'ai du plaisir à écrire mon journal ?

ELLE L'A LU ????????